CATALOGUE

DES

ARMES & ARMURES

Habit de Mestre de Camp

COMPOSANT LA COLLECTION

DE

M. le Marquis de BELLEVAL et de LICQUES

DONT LA VENTE, APRÈS DÉCÈS, AURA LIEU

HOTEL DES VENTES, A BEAUVAIS (OISE)

Les Lundi 21, Mardi 22 et Mercredi 23 Janvier 1901

à deux heures

COMMISSAIRE-PRISEUR, Me **G. NAQUET**, 65, rue des Halles, a Beauvais

Assisté de **M. BACHEREAU**, EXPERT, 26, rue Le Peletier, Paris

Chez lesquels on trouve le présent Catalogue

EXPOSITIONS

Les Samedi 19 et Dimanche 20 Janvier, de 10 heures à 5 heures

CONDITIONS DE LA VENTE

Elle sera faite au comptant.

Les acquéreurs paieront *dix pour cent* en sus des enchères, et *dix centimes* en plus pour chaque lot.

L'exposition mettant le public à même de se rendre compte de l'état et de la nature des objets, aucune réclamation ne sera admise une fois l'adjudication prononcée.

En cas de contestation sur une enchère, l'objet sera remis immédiatement en vente.

Les objets devront être enlevés aussitôt l'adjudication prononcée ; à la demande des acquéreurs, ils seront conservés jusqu'au lendemain à midi, mais sans aucune garantie.

N. B. — L'ordre numérique ne sera pas suivi.

Paris. — Imp. de l'Art, E. Moreau et Cᵉ, 41, r. de la Victoire.

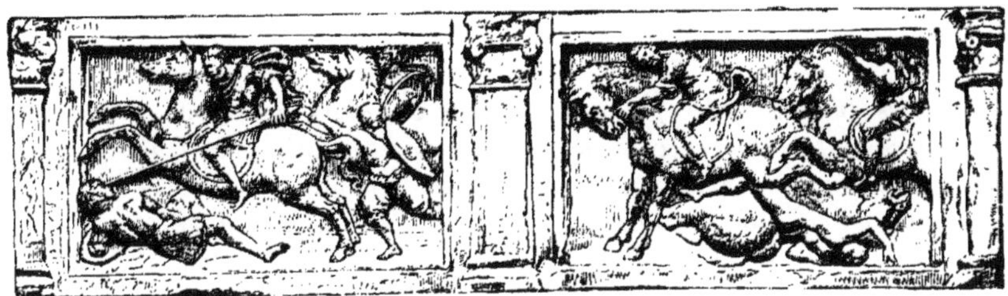

La collection qui va être mise en vente est une bonne
fortune pour les amateurs, car celui qui la possédait était
un fin connaisseur, dont l'appréciation, très recherchée, a,
plus d'une fois, décidé parmi les experts.

M. le marquis de Belleval et de Licques, très connu
comme amateur enthousiaste des armes et armures anciennes autant que comme écrivain de talent et d'esprit, avait,
au service de son goût de collectionneur, une érudition incon-
testée. Il a fait, entre autres écrits remarquables, des
ouvrages très savants et très estimés sur les armes. « La
Panoplie au xvie siècle », « Nos Pères », sont connus partout.
D'autres ouvrages, plus remarquables encore, ont été
acquis à prix d'or, avant leur publication, par des amateurs désireux de conserver pour eux seuls ces travaux pré-
cieux. Il préparait, sur les armes anciennes, une étude
illustrée, appelée à faire sensation. La mort est venue,
malheureusement, interrompre ces savants et intéressants
travaux.

Sous l'Empire, M. le marquis de Belleval et de Licques possédait une collection d'armes tellement appréciée,
que l'empereur Napoléon III lui fit demander, par M. le
comte de Nieuwerkerke, surintendant des Beaux-Arts, et
directeur général de tous les Musées de France, de vouloir

bien lui en céder pour le château de Pierrefonds, qu'il venait de restaurer et dont l'embellissement était l'objet de ses soins de prédilection. L'empereur y roulait une collection d'armes de premier choix, et M. le marquis de Belleval et de Licques avait, à cette époque, une collection si remarquable et si importante, qu'il put céder à l'empereur vingt-sept armures complètes, qui, après avoir décoré le château de Pierrefonds jusqu'après la guerre, font actuellement partie du Musée à l'hôtel des Invalides, à Paris.

Une autre partie de cette remarquable collection fut vendue lorsque M. le marquis de Belleval et de Licques, après des partages de famille, quitta le château du Bois-Robin, près d'Aumale, et ce qui en restait, pièces rares et de famille, auxquelles l'amateur tenait particulièrement, augmentées de trouvailles récoltées pendant les recherches continuelles que faisait le savant écrivain dans les familles du Ponthieu, pour son ouvrage sur cette province, est ce que l'on met en vente aujourd'hui.

Entre les objets remarquables qui exciteront l'émulation des amateurs de pièces rares, nous citerons :

Une cuirasse du roi Louis XIV, portant d'un côté les trois fleurs de lys de France, de l'autre le soleil, emblème de ce roi, gravés en or, le tout d'une remarquable conservation.

Une demi-armure en acier bleu, ayant aussi une provenance princière, sinon royale. Pièces splendides.

Une armure noire, toute couverte de fleurs et ramages en blanc repoussé. Pièce unique.

Une armure écrevisse d'un poids extraordinaire. (Très rare.)

Une cuirasse ornée d'une bordure à jour. (Pièce très curieuse.)

Deux armures complètes, authentiques de la famille de Belleval.

Des épées avec leur dague, leur fourreau et leur ceinture. (Pièces très rares, très intéressantes et très décoratives.)

De nombreuses et fort belles épées.

Un choix de casques remarquables.

On ne saurait douter que cette superficielle nomenclature ne décide les amateurs et collectionneurs à ne pas manquer cette occasion unique d'enrichir leurs collections de pièces qui deviennent de plus en plus rares et que, de longtemps peut-être, on ne trouvera plus dans le commerce.

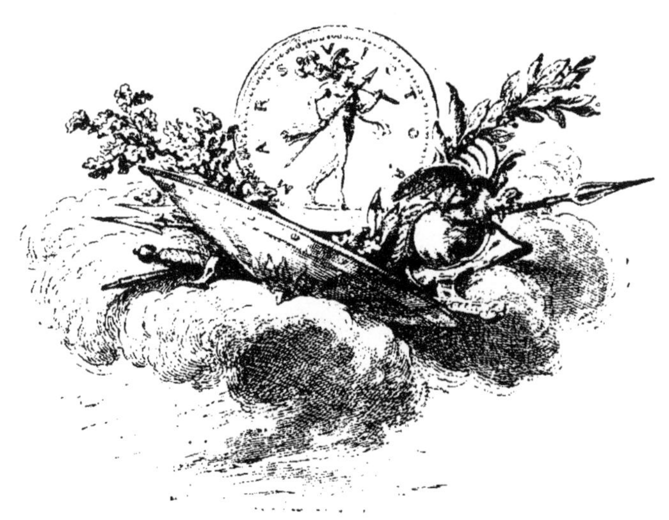

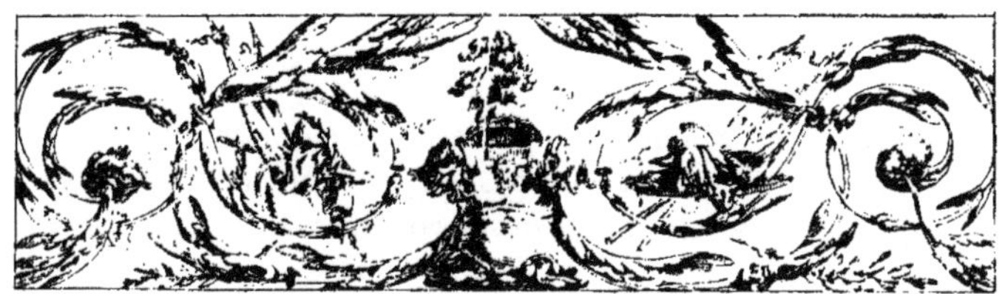

DÉSIGNATION

ARMURES

1 — Armure dite « trois-quarts », composée de : bourguignote avec garde-face articulé, cuirasse avec faucre,
dos, cuissards, genouillères, brassards, épaulières et
gantelets. Toutes ces pièces, sauf les gantelets, sont
ornées de bandes, rinceaux et fleurons repoussés à plat
et se détachant en blanc sur fond noir. Pièce très
intéressante, bien homogène. Du xvie siècle.

2 — Fragments d'une armure dite « écrevisse », à bords
dentelés, ayant encore son vieux bleu. Un plastron,
armet, deux brassards et gantelets en parfait état.
xvie siècle.

3 — Une armure complète Louis XIII, à longs cuissards.
De bonne qualité et bon état.

4 — Demi-armure : plastron à deux lames; dans le haut,
une croix gravée, poinçon armorié et la date 1585;
tassettes, cuissards, genouillères, armet. Belle pièce du
xvie siècle.

5 — Armure de joute, composée d'une cuirasse avec faucre sur laquelle une croix suspendue par un cordon est gravée, tassettes d'inégales grandeurs, bras avec pièces de renfort, gantelet de bride, jambes, épaulières avec passe-gardes dont une très haute, armet. De la fin du xvie siècle.

6 — Armure en pied complète, cannelée, dans le style Maximilien.

7 — Armure, composée de : cuirasse, dos, tassettes, épaulières et bras, jambes se terminant à la cheville, bourguignote et garde-face. Les gantelets manquent. Fin du xvie siècle.

8 — Demi-armure noire, bandes blanches, avec gantelets, quelques parties refaites.

9 — Demi-armure.

10 — Petite demi-armure, avec casque bourguignote. Quelques restaurations.

11 — Armure incomplète, cuirasse portant la date 1585 et une armoirie, et les initiales ꓭ B, un colletin, cotte de mailles, deux grands gantelets et une bourguignote.

11 *bis* — Demi-armure, composée de : cuirasse, deux épaulières, casque d'archer et une grande et remarquable bavière, garde-face articulé. xviie siècle.

CUIRASSES

12 — Plastron avec armet, xvie siècle. Mauvais état.

13 — Cuirasse, épaulières et casque. Commencement du xviiᵉ siècle.

14 — Cuirasse et dos Louis XIV, bleus et dorés. avec garniture velours rouge.

15 — Cuirasse-corselet à boutons. xviiᵉ siècle.

16 — Plastron de renfort. Commencement du xviiᵉ siècle.

17 — Plastron à tabule en pointe au milieu. Commencement du xviᵉ siècle.

18 — Plastron-colletin, nombreux clous, dans le style Louis XIII.

19 — Cuirasse et dos gravés.

20 — Cuirasse à bandes gravées. xviᵉ siècle.

21 — Plastron.

22 — Cuirasse de Piquier et larges tassettes. Style Louis XIII.

23 — Dos de cuirasse lamé et palmette repoussée. Fin du xviᵉ siècle.

24 — Dos de cuirasse d'enfant, uni. Fin du xviᵉ siècle.

25 — Cuirasse et casque.

26 — Cuirasse lourde, xviiᵉ siècle, avec balle d'essai.

27 — Corset, fer ajouré.

28 — Cotte de mailles rivées.

29 — Cotte de mailles rivées.

30 — Cotte de mailles, formant pèlerine.

31 — Cuirasse de carabinier, plaquée de cuivre, avec aigle
sur le plastron.

PIÈCES DÉTACHÉES

ET FRAGMENTS

32 — Colletin bleui et bandes gravées et dorées. Très bon
état. Fin du xvɪᵉ siècle.

33 — Colletin noir, orné de bandes gravées et plaquées
d'argent. xvɪɪᵉ siècle.

34 — Colletin.

35 — Colletin uni. xvɪɪᵉ siècle.

36 — Bras.

37 — Bras gravé, bandes et rinceaux, trophées d'armes
gravés. xvɪᵉ siècle.

38 — Bras et gantelet, épaulière à laquelle il manque une
lamette.

39 — Bras uni, avec gantelet, bonne forme. xvɪᵉ siècle.

40 — Cuissard à lamettes découpées, genouillère avec rosace repoussée.

41 — Paire de gantelets à grand coude. XVIIe siècle.

42 — Paire de gantelets unis avec doigts séparés. XVIe siècle.

43 — Paire de gantelets noirs, bandes blanches. XVIe siècle.

44 — Paire de gantelets.

45 — Paire de gantelets noirs, vestiges de peinture d'une grande fleur de lys. XVIIe siècle.

46 — Gantelet.

47 — Un autre semblable, uni avec doigts séparés; peuvent faire pendants.

48 — Gantelet à grand coude et miton. XVIIe siècle.

49 — Gantelet à bande et clous à rosaces.

50 — Gantelet à clous de cuivre, doigts articulés. XVIe siècle.

51 — Grand gantelet à coude, noir, commencement du XVIIe siècle.

52 — Gantelet noir avec toile intérieure.

53 — Gantelet XVIe siècle, sans doigts.

54 — Paire de gantelets. XVIe siècle.

55 — Gantelet fragment. XVIe siècle.

56 — Gantelet de jeune homme. xvɪᵉ siècle.

57 — Gantelet miton. xvɪᵉ siècle.

58 — Débris de gantelet d'enfant.

59 — Selle d'armes complète, arçon et troussequin en fer. Commencement du xvɪᵉ siècle.

60 — Selle d'armes, fer et peau blanche piquée, de style Henri II.

61 — Chanfrein uni se terminant en pointe découpée. xvɪᵉ siècle.

62 — Deux fragments.

CASQUES

63 — Salade et Bavière de fouilles. xvᵉ siècle. Quelques réparations.

64 — Armet à rondelle. Fin du xvᵉ siècle. Quelques réparations.

65 — Armet à bourrelet du xvɪᵉ siècle, avec petite fenêtre sur la droite, bon état.

66 — Armet du xvɪᵉ siècle, visière largement aérée. Très bon état.

67 — Armet du commencement du xvɪᵉ siècle. Bonne forme.

68 — Armet du milieu du xvie siècle. Un peu détérioré.

69 — Armet à bourrelet fin du xvie siècle. Un peu fatigué.

70 — Armet uni, bombe en deux pièces. xviie siècle.

71 — Armet.

72 — Armet du milieu du xvie siècle, rongé.

73 — Casque d'archer, la bombe est à côtes saillantes. Manque un oreillon. xviie siècle.

74 — Casque-armet. xviie siècle, dit : Savoisien.

75 — Casque-armet savoisien. xviie siècle.

76 — Casque d'archer, sans oreillons. xviie siècle.

77 — Armet Louis XIII. Très détérioré.

78 — Armet Louis XIII. Détérioré.

79 — Salade de joute, mézail pointu. Style du commencement du xvie siècle.

80 — Bourguignote haute crête. xvie siècle.

81 — Bourguignote, bonne forme, mais mauvais état.

82 — Cabasset finement gravé et doré. A un peu souffert. xvie siècle.

83 — Cabasset gravé, garni de clous de cuivre. Fin du xvie siècle.

84 — Cabasset gravé, xvie siècle, médaillons et bandes. Un peu usé.

85 — Cabasset épais avec bords dentelés. xvie siècle.

86 — Casque-armet savoisien. xviie siècle.

87 — Cabasset.

88 — Casque morion avec trace de fines gravures. Malheureusement très détérioré.

89 — Casque d'archer.

90 — Casque d'archer.

91 — Casque de dragon, bombe cuivre. xixe siècle.

92 — Masque de casque, repoussé, simulant une figure humaine.

93 — Masque de casque Louis XIII.

94 — Mentonnière de casque. xvie siècle.

95 — Visière pointue. xvie siècle.

96 — Coiffe de morion, velours rouge moucheté de soie jaune.

BOUCLIERS

97 — Rondache lourde, avec vestiges de gravure. xvie siècle.

97 *bis* — Rondache unie, restes de garnitures. Commencement du xvii⁰ siècle.

98 — Rondache, xvi⁰ siècle, à bandes et médaillons gravés, a un peu souffert.

99 — Bouclier gravé, à bandes rayonnantes, rinceaux et figures. xvi⁰ siècle.

100 — Bouclier uni. xvii⁰ siècle.

101 — Targe de duel, de forme carrée, s'élargissant par le haut, brise-lames, crochet, fer noirci.

102 — Rondelle de lance unie. xvi⁰ siècle.

EPÉES

103 — Épée de fouilles. xiv⁰ siècle.

104 — Épée et dague, belle garde simple, à petites cannelures se répétant partout, fourreau ; la dague a un travail analogue. xvi⁰ siècle.

105 — Rapière et dague, coquille découpée, ornements en relief, longs quillons. xvii⁰ siècle.

106 — Épée ciselée de belle forme et bon état, fusée ancienne.

107 — Épée ciselée à branches, quillons droits. Fin du xvi⁰ siècle.

108 — Épée de gaucher, quillons droits, damasquine d'argent. Quelques restaurations.

109 — Épée à branches, un seul quillon, le tout ciselé. Nombreuses réparations.

110 — Épée. Fin du xvie siècle.

111 — Épée. Fin du xvie siècle.

112 — Épée à longs quillons, branches formant corbeille, bizarrement contournées.

113 — Rapière et sa dague main gauche, dorées. xviie siècle.

114 — Épée, rosaces ciselées sur les branches et le pommeau, un seul quillon recourbé, avec fourreau en velours, lame poinçonnée d'un **A** gothique. Fin du xvie siècle.

115 — Épée riche double garde, coquille ajourée, légèrement damasquinée. xviie siècle.

116 — Épée, belle garde unie, à branches, lame à jours, poinçonnée. xvie siècle. Bon état.

117 — Épée à branches, quillons droits, un peu fatiguée. Commencement du xviie siècle.

118 — Épée noire, bonne forme, à branches plates, un seul quillon. xviie siècle. La dague n° 178 pourrait aller avec.

119 — Épée à trois branches, quillons droits. Fin du xvie siècle.

120 — Épée à trois branches, quillons droits, pommeau cylindre écrasé. xvi⁰ siècle.

121 — Épée d'armes à branches ne s'élevant pas au-dessus des quillons droits et se terminant également par des boules. Fin du xvi⁰ siècle.

122 — Bonne épée à branches contrariées, quillons contournés. xvi⁰ siècle.

123 — Épée noire, branches plates, un seul quillon, embryon de coquille. xvi⁰ siècle.

124 — Épée double garde, branches, coquilles. xvii⁰ siècle.

125 — Épée symétrique à branches et petites coquilles. xvi⁰ siècle.

126 — Épée à double garde et coquilles découpées à jours. xvii⁰ siècle.

127 — Grande épée à deux mains, lame droite.

128 — Grande épée à deux mains, lame flamboyante.

129 — Épée, lame poinçonnée, le pommeau forme fourquine. xvi⁰ siècle.

130 — Épée avec porte-épée.

131 — Bouclon porte-épée en cuir, avec restes de broderies de métal.

132 — Porte-épée et ceinturon en cuir, avec ornements piqués. Fin du xvi⁰ siècle.

133 — Bouclon porte-épée, velours noir. xviie siècle.

134 — Ceinturon.

135 — Porte-épée et ceinturon, velours rouge. xviie siècle.

136 — Épée et fragment de dague. Commencement du xvie siècle. Très fatiguées.

137 — Rapière à coquille lobée, bonne lame Carrelet xviie siècle.

138 — Épée ciselée à coquille, Louis XIV.

139 — Épée, quillons droits. restants de dorure. xvie siècle.

140 — Épée Louis XV en argent, fourreau.

141 — Épée d'enfant, avec fusée cuir vert. Commencement du xviie siècle.

142 — Épée Louis XIII avec son fourreau.

143 — Épée du xviiie siècle, une seule branche et coquille, cuivre doré, fourreau.

144 — Épée italienne, doubles quillons recourbés, coquille cannelée. xvie siècle.

145 — Épée style Renaissance, avec cavaliers en relief. Plusieurs brasures.

146 — Épée, fer du xviie siècle, une seule branche rejoignant le pommeau, sur le tout, des têtes de dauphins sont ciselées.

147 — Esclavonne, un seul rang et fourreau.

148 — Esclavonne à trois rangs et fourreau.

149 — Trois épées du xviiie siècle.

150 — Épée en fer du xviiie siècle, une seule branche
s'ouvrant en trois pour former la garde.

151 — Épée hongroise, un peu fatiguée.

152 — Épée de garde wallonne, marque au loup. xvii^e
siècle.

153 — Épée à quillons courbés vers la lame, anneau, pommeau conique. xvie siècle.

154 — Épée garde wallonne. xviie siècle.

155 — Épée, garde en cuivre, découpé, lame triangulaire.
xviiie siècle.

156 — Épée un peu ciselée, mais très fatiguée

157 — Canne armée, bec de Corbin.

158 — Canne à épée et fourquine. xvie siècle.

159 — Deux épées.

160 — Épée de Préfet, argentée.

161 — Couteau de chasse. sur la lame gravée, les armes
de Condé.

162 — Couteau de chasse, fourreau avec son petit couteau. xviii° siècle.

163 — Sabre de garde-du-corps du Roi. Louis XVIII.

164 — Sabre de garde-du-corps du Roi. Louis XVIII.

165 — Sabre de dragon. Premier Empire.

166 — Sabre d'enfant.

167 — Sabre.

168 — Panoplie de débris d'armes de fouilles.

169 — Un fourreau.

DAGUES

170 — Dague du xvi° siècle, en fer noirci, avec son fourreau, la fusée est en velours rouge treillissé de cuivre.

171 — Petite dague avec fourreau, quillons ramenés en avant et se terminant par un renflement côtelé comme le pommeau. xvi° siècle.

172 — Dague italienne, doubles quillons recourbés et coquille. xvi° siècle.

173 — Dague forte, quillons recourbés, pommeau conique à pans. xvi° siècle.

174 — Dague.

175 — Dague, bonne forme, quillons tombants. XVIe siècle.

176 — Dague.

177 — Dague, quillons droits, avec fourreau. XVIe siècle.

178 — Dague noircie, pouvant aller avec l'épée n° 118.

179 — Deux dagues du XVIe siècle, un peu rongées.

180 — Dague du XVIe siècle, talon de la lame doré et traces de dorure sur le pommeau qui est côtelé.

181 — Dague à quillons tombants, petite coquille. XVIe siècle.

182 — Dague du XVe siècle, lame large, quillons contournés, pommeau rond aplati.

183 — Dague du XVIe siècle, grands quillons se terminant par des boules, ornées, comme le pommeau, de petits losanges en relief.

184 — Dague.

185 — Dague.

186 — Dague de fouilles, sans fusée.

187 — Dague.

188 — Dague.

189 — Dague, légères ciselures sur la garde.

190 — Dague de fouilles.

191 — Dague de fouilles.

ARMES D'HAST

192 — Corsèque. xvie siècle.

193 — Corsèque chauve-souris. xve siècle.

194 — Vouge du xve siècle.

195 — Fauchard. Commencement du xvie siècle.

196 — Hallebarde.

197 — Hallebarde.

198 — Hallebarde.

199 — Hallebarde.

200 — Pertuisane gravée, française, avec les inscriptions suivantes : TOUTE MON ESPÉRANCE EST EN DIEU. — POUR DIEU ET LE ROI, SERVIR, VIVRE ET MOURIR. xvie siècle.

201 — Pertuisane gravée.

202 — Pertuisane.

203 — Epieu damasquiné d'argent. Hampe garnie de lanières de cuir.

204 — Fourche-fière. xviiie siècle.

205 — Epieu de guerre. xve siècle. Hampe sculptée.

206 — Esponton avec sa hampe ancienne. xviiie siècle.

207 — Brandestoc.

208 — Pointe de lances de fouilles.

209 — Pointe.

210 — Pointe de pique.

MASSES ET MARTEAUX D'ARMES

211 — Marteau d'armes.

212 — Marteau d'armes de cavalier. xvie siècle.

213 — Un autre, en tout semblable.

214 — Masse d'armes, xvie siècle, à sept pointes renforcées et découpées. Assez bon état.

215 — Masses d'armes, xvie siècle, sept ailettes à pointes
renforcées. Bon état.

ARQUEBUSES, ARMES A FEU

216 — Arquebuse, entièrement plaquée d'ivoire incrusté
d'ébène, batterie à rouet, doubles chiens. xviie siècle.

217 — Arquebuse à rouet, un peu incrustée.

218 — Petite arquebuse à rouet, incrustée d'ivoire gravé.
xvie siècle.

219 — Arquebuse allemande à rouet, poinçon et date 1681, incrustations de fer.

220 — Petite arquebuse.

221 — Arquebuse à rouet de soldat. xvıᵉ siècle.

222 — Arquebuse à mèche, bois incrusté d'ivoire ; sur le canon, une date gravée : 1478.

223 — Arquebuse allemande, batterie à rouet gravée. xvııᵉ siècle.

224 — Mousqueton à rouet de cavalier. Commencement du xvııᵉ siècle.

225 — Très petit mousqueton-tromblon à pierre. xvııᵉ siècle.

226 — Mousquet à mèche très simple. xvıᵉ siècle.

227 — Arquebuse-piège à rouet.

228 — Fusil à pierre.

PISTOLETS ET ACCESSOIRES

229 — Deux grands pistolets à rouet. Fin du xvıᵉ siècle.

230 — Deux longs pistolets à rouet en fer, pommeaux à boule. Fin du xvıᵉ siècle.

231 — Pistolet à rouet, court. incrusté d'ivoire, pommeau en boule.

232 — Deux paires de pistolets.

233 — Pistolet à rouet, de forme française, bois rouge, absolument pur. XVIe siècle.

234 — Pistolet à rouet ordinaire.

235 — Deux fourreaux de pistolets en cuir ciselé. XVIIe siècle.

236 — Deux fontes de pistolets en velours rouge. XVIIe siècle.

236 *bis* — Un fourreau de pistolet en cuir, ornements ciselés. XVIe siècle.

237 — Poudrière en corne gravée. XVIIe siècle.

238 — Poudrière sac-à-balles.

239 — Poudrière d'arquebusier, cuir noir, bordé de fer découpé.

240 — Poudrière.

241 — Poudrière.

ARBALÈTES

242 — Arbalète, avec crenequin, gravé et daté 1600.

243 — Arbalète droite. XVe siècle. Sur l'arc de fer est gravé: JESUS MARIA, poinçon de Tolède.

244 — Crochet d'arbalète du XVe siècle.

OBJETS DIVERS

245 — Paire de bottes de postillon.

246 — Paire de bottes.

247 — Paire de bottes. xviiie siècle.

248 — Une botte à grand entonnoir. Louis XV.

249 — Paire de Houseaux. Louis XV.

250 — Deux étriers. Commencement du xvie siècle.

251 — Deux étriers.

252 — Deux éperons, cuivre, à longue tige.

253 — Deux éperons.

254 — Grand mors, du commencement du xvie siècle, quelques incrustations de cuivre sur les branches.

255 — Mors avec bossettes. bronze. xixe siècle.

256 — Mors, xvie siècle, à branches contournées, bossettes en cuivre rapportées.

257 — Une marmite en bronze.

258 — Une marmite en bronze.

259 — Une marmite en bronze.

260 — Une paire de bottes à chaudron.

HABIT

260 *bis* — Habit de mestre de camp, bleu, brodé d'argent, et gilet rouge, ainsi que les parements. Croix de Saint-Louis. Casque. Galons et aiguillettes. Portrait du personnage dont provient cet habit, et l'inscription : *Louis sieur de Belleval, marquis de Bois-Robin, mestre de camp de cavalerie.*

SUPPLÉMENT

261 — Armure écrevisse, comprenant : casque, cuirasse, dos, brassards, gantelets et épaulières, cuissards. Fin du xvi⁰ siècle.

262 — Demi-armure noire, avec bandes blanches. Commencement du xvii⁰ siècle.

263 — Armet. Fin du xvi⁰ siècle.

264 — Cabasset gravé.

265 — Morion noir, avec ornementation repoussée blanche.

266 — Bourguignote.

267 — Dos et devant de cuirasse.

268 — Bourguignote.

269 — Bourguignote.

270 — Cuirasse à jours.

271 — Armet.

LIVRES ET PAPIERS

Titres de la famille de Belleval.

Chartes du Ponthieu, Chartes de la Picardie.

Titres originaux, actes publics et privés du Ponthieu, années 1500-1600.

Livres d'Histoire, de Géographie, Romans, Voyages et quantité d'autres livres.

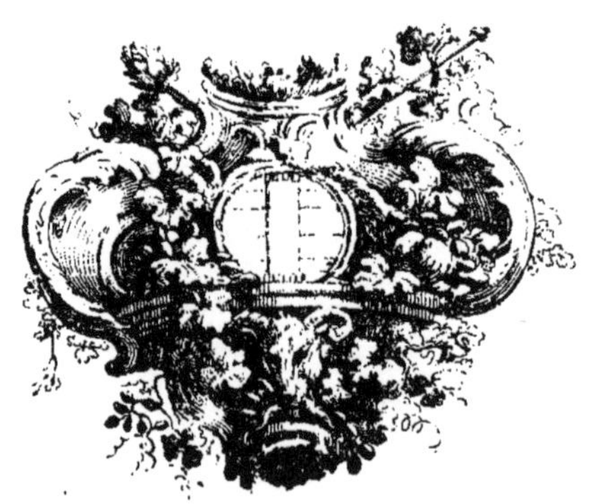